SEGHERS JEUNESSE

Dirigé par Bruno Doucey

Dans la même collection

Jacques Roubaud, *Les Animaux de tout le monde*
Postface de Dominique Moncond'huy

Jacques Roubaud, *Les Animaux de personne*
Postface de Dominique Moncond'huy

Italo Calvino, *Forêt-Racine-Labyrinthe*
Postface de Benoît de La Brosse

Guillevic, *Pas si bêtes !*
Postface de Danièle Henky

J.-M. G. & Jémia Le Clézio, *Sirandanes*
Postface de Danièle Henky

Paul-Émile Victor, *Poèmes eskimo*
Postface d'Anne Dieusaert et de Danièle Henky

Ré & Philippe Soupault, *Histoires merveilleuses du Brésil*
Postface de Michaël Batalla

RÉ & PHILIPPE SOUPAULT

L'Étoile et le Nénuphar

et autres contes

Postface de Michaël Batalla

SEGHERS JEUNESSE

Loi n° 49-959 du 16 juillet 1949
sur les publications destinées à la jeunesse

ISBN 2-232-12271-9

L'Étoile et le Nénuphar
(Indiens d'Amérique)

Il y a longtemps, très longtemps, la terre était peuplée de gens heureux. La marée rouge de la guerre n'avait pas encore envahi la planète. Tous les humains pouvaient aisément se procurer ce dont ils avaient besoin. Les animaux des champs et des forêts étaient apprivoisés. Le printemps était éternel, l'hiver avec ses vents froids n'existait pas. Chaque arbre et chaque buisson portait des fruits. Le sol était tapissé de fleurs. L'air était rempli de leur parfum et du chant des oiseaux.

Pendant la nuit, les hommes aimaient observer les étoiles. Ils savaient qu'elles étaient habitées par ceux que le grand esprit avait rappelés à lui.

Un soir, ils virent une étoile qui brillait plus que les autres. Elle se trouvait dans le Sud, tout près du sommet d'une montagne.

Un petit groupe de jeunes gens fut chargé d'aller voir quelle était cette étoile. À leur retour, les messagers déclarèrent que l'étoile ressemblait à un oiseau.

Alors, on chargea un groupe de sages d'aller étudier le phénomène, car on craignait qu'il ne soit de mauvais augure. Quelques-uns, cependant, en tiraient un bon présage.

Une lune avait déjà passé, et le mystère n'était toujours pas éclairci.

Une nuit, un jeune homme de la tribu fit un rêve. Il vit une belle jeune fille qui lui dit :

– Ton pays, à cause de ses fleurs, de ses oiseaux, de ses rivières, de ses lacs et de ses montagnes couvertes de verdure, m'a charmée. J'ai quitté mes sœurs de l'autre monde pour venir vivre parmi vous. Demande aux grands sages de me désigner une demeure près de vous et de me dire quelle forme je dois prendre afin d'être aimée de vous.

Le jeune homme se réveilla. Il vit l'étoile mystérieuse plus brillante et plus proche que jamais. Il appela tous les hommes de la tribu et, dès qu'ils furent rassemblés, il leur raconta son rêve.

– L'étoile que nous avons pu observer depuis quelque temps est amoureuse des humains, dit-il, et elle désire vivre au milieu de nous.

La nuit suivante, cinq hommes, les plus grands et les plus beaux de la tribu, allèrent à la rencontre de l'étoile pour lui souhaiter la bienvenue. Ils lui offrirent le calumet de la paix, bourré des herbes les plus odorantes et, à leur grande joie, l'étoile accepta de fumer. À leur retour au village, l'étoile, déployant ses ailes, les suivit et plana jusqu'à l'aube au-dessus de leurs demeures.

Pendant la nuit suivante, elle apparut de nouveau dans le rêve du jeune homme pour lui demander où elle devait vivre et quelle forme elle devait prendre.

Le lendemain, toute la tribu tint conseil ; pour accueillir l'étoile, différents endroits furent proposés : la cime d'arbres géants ou la corolle des fleurs. Il fut décidé de laisser le choix à l'étoile elle-même.

C'est ce qu'elle fit. Elle choisit d'abord la rose blanche des montagnes. Mais, peu à peu, elle pensa qu'elle était trop loin des humains et que personne ne la voyait. Elle descendit alors dans une prairie, mais elle risquait d'être écrasée par les sabots des buffles. Elle adopta pour demeure les rochers de la côte. Mais elle y renonça, car elle pensa que les enfants, qu'elle aimait particulièrement, ne pourraient pas l'atteindre.

– Je sais où je dois vivre, dit alors l'étincelante fugitive, c'est là où je peux voir glisser près de moi les canoës des humains. Je veux que les enfants soient mes compagnons et c'est dans l'eau fraîche des lacs qu'ils viendront me trouver. Et, alors, tout le monde m'aimera.

À peine avait-elle prononcé ces mots qu'elle se mit à briller à la surface de l'eau qui reflétait son image, et les humains, émerveillés, lui donnèrent le nom de nénuphar.

Le lendemain matin des millions de fleurs blanches s'ouvrirent sur l'eau des lacs.

Et, quand les enfants virent les nénuphars, ils les prirent dans leurs mains et les tendirent vers le ciel pour que ces fleurs puissent être heureuses sur la terre comme les deux sœurs, l'étoile du matin et l'étoile du soir, sont heureuses dans le ciel.

Le loup blanc
(France)

Après avoir construit une grande maison, un homme du pays lorrain décida de partir pour un long voyage. Lorsqu'il annonça son départ à ses trois filles, l'aînée lui demanda :

– Père, que me rapporteras-tu de ton voyage ?

– Que désires-tu, mon enfant ?

– Je voudrais que tu me rapportes une robe brodée d'argent.

– Et toi, que désires-tu ? demanda le père à la cadette.

– Je souhaite que tu me rapportes une robe brodée d'or.

– Et toi, mon enfant, que désires-tu ? demanda le père à la plus jeune de ses filles, celle des trois qu'il aimait le mieux.

– Je ne désire rien, répondit-elle.

– Comment, tu ne désires rien ?

– Non, mon père, rien.

– Je rapporterai de merveilleuses robes à tes sœurs et je veux à toi aussi faire un cadeau. Dis-moi ce que tu aimerais le mieux.

– Puisque tu insistes, je voudrais que tu m'apportes la rose qui parle.

– La rose qui parle ! s'écria le père. Où pourrais-je trouver la rose qui parle ?

– C'est la rose qui parle que je veux, rien que cette rose.

Le père se mit en route. Il n'eut aucune peine à acheter des robes magnifiques pour ses deux filles aînées, mais lorsqu'il demandait où il pourrait trouver la rose qui parle, on lui répondait qu'il voulait rire et quand il insistait, on lui affirmait qu'il ne trouverait nulle part au monde cette rose qui parle.

Pourtant, il ne se décourageait pas et poursuivit son voyage. À chaque étape, il questionnait les gens. Et toujours on lui répondait :

– Vous ne trouverez nulle part la rose qui parle.

– Pourtant, disait le voyageur, je suis sûr que cette rose existe. Si elle n'existait pas, ma fille bien-aimée ne me l'aurait pas demandée.

Et il continua à chercher.

Après avoir voyagé pendant plusieurs mois, il aperçut un jour en haut d'une colline un magnifique château. Lorsqu'il s'en approcha, il entendit un murmure. Il prêta l'oreille et entendit des chants et des rires. Il écouta avec plus d'attention : il lui semblait entendre des jeunes filles parlant avec animation.

Il fit plusieurs fois le tour du château, mais ne put d'abord en trouver l'entrée. Il finit par découvrir une petite porte. Il la poussa, entra dans le château et parcourut les salons et les chambres sans rencontrer âme qui vive. Il arriva enfin dans une cour et aperçut un rosier couvert de roses de toutes les couleurs. C'étaient ces roses qui parlaient et c'était de ces roses que le voyageur avait entendu parler et chanter. Elles parlaient des rayons du soleil, des reflets de l'eau, des lueurs de l'aube et des mirages du crépuscule.

– Enfin, s'écria-t-il tout joyeux, j'ai trouvé les roses qui parlent. Il s'empressa de choisir une des plus belles – une rose blanche – en songeant à la joie de sa fille bien-aimée.

À peine avait-il cueilli la rose qu'un loup blanc s'élança vers lui en criant :

– Qui t'a permis d'entrer dans mon château et de cueillir mes roses ? Tu seras puni de mort : apprends que tous ceux qui pénètrent dans ce château doivent mourir !

– Laissez-moi la vie, dit le pauvre homme ; je vais vous rendre la rose qui parle et je m'en irai.

– Non, non, répondit le loup blanc, tu dois mourir !

– Hélas ! soupira le voyageur, ma fille m'a demandé de lui rapporter la rose qui parle, et, quand enfin je l'ai trouvée, il faut mourir.

– Écoute, reprit le loup blanc, je veux bien te faire grâce et, de plus, te permettre de garder la rose, mais à une seule condition : tu m'amèneras la première personne que tu rencontreras quand tu reviendras chez toi.

Le pauvre homme promit de faire exactement ce que le loup blanc lui avait demandé et retourna dans son pays. La première personne qu'il aperçut en rentrant chez lui, ce fut sa plus jeune fille, celle qu'il aimait le plus, celle qui lui avait demandé la rose qui parle.

– Ah, ma fille chérie, dit-il en l'apercevant, que mon voyage fut triste !

– N'avez-vous donc pas trouvé la rose qui parle ? lui demanda-t-elle.

– Si, je l'ai trouvée, mais ce fut pour mon malheur.

Et le père raconta à sa fille où et comment il avait trouvé la rose et aussi que le loup blanc l'avait condamné à mourir pour le punir d'avoir pénétré dans le château.

– Je ne veux pas que vous mouriez, dit sa fille. Je mourrai plutôt à votre place.

Et elle lui répéta tant de fois que c'était elle qui devait mourir à sa place qu'enfin il lui dit :

– Eh bien, ma fille, apprends ce que je voulais te cacher. Le loup blanc m'a fait grâce à condition que je lui amène la première personne que je rencontrerai en revenant chez moi. C'est à cette seule condition qu'il m'a laissé la vie sauve.

– Mon père, dit-elle, je suis prête à partir. Conduisez-moi vers le loup blanc.

Le père et la fille quittèrent leur maison pour se rendre au château du loup blanc. Après plusieurs jours de marche, ils arrivèrent un soir devant la petite porte du château. Le loup blanc ne tarda pas à paraître.

– Voici la première personne que j'ai rencontrée en rentrant chez moi, dit le voyageur. C'est ma fille bien-aimée, celle qui avait demandé que je lui rapporte la rose qui parle.

– Ne craignez rien. Vous avez tenu votre promesse. Je ne vous ferai aucun mal, dit le loup blanc, mais il faut que vous ne répétiez jamais à personne ce que vous aurez vu ou entendu dans ce château. Il appartient à des fées. Quant à moi, je suis condamné à être le loup blanc de l'aube au crépuscule. Si vous gardez le secret, vous vous en trouverez bien.

La jeune fille et son père entrèrent dans une grande salle où un magnifique repas était servi. Quand la nuit fut venue, ils virent entrer un jeune et beau seigneur, vêtu d'un habit de soie blanche, brodé d'or et d'argent. Il souriait.

– Je suis, dit-il, celui même que vous avez vu sous la forme d'un loup blanc.

Il s'assit à leurs côtés, partagea leur repas et leur montra, quand la table fut desservie, une inscription gravée sur un mur de marbre blanc.

– Lisez ce qui est écrit, s'écria le jeune seigneur, et souvenez-vous-en : *Ici on ne parle pas !*

Le père et la jeune fille promirent encore une fois de ne rien dire de ce qu'ils avaient vu et entendu dans le château.

Après le repas, la jeune fille prit congé et se retira dans la chambre que le beau seigneur lui avait fait choisir. Elle était assise devant son miroir lorsqu'elle vit entrer son hôte. Il la rassura et lui promit que, si elle suivait fidèlement ses conseils, il l'épouserait, qu'elle serait reine et que le château lui appartiendrait. Mais à l'aube, le jeune et beau seigneur redevint un loup blanc, et la jeune fille pleurait en entendant ses hurlements.

Après avoir passé la nuit suivante au château, le père décida de rentrer chez lui.

– Souviens-toi de ta promesse, lui cria le loup blanc, en le voyant s'éloigner.

La jeune fille resta au château et ne tarda pas à s'y plaire. Elle y trouvait tout ce qu'elle pouvait désirer. Elle entendait chanter les roses. Elle entendait des concerts de musique. Le beau seigneur, chaque soir, lui demandait d'exprimer ses moindres désirs pour les satisfaire.

Quand le père revint chez lui, il fut accueilli par ses filles aînées qui lui demandèrent :

– Où est notre sœur ?

Le père, se souvenant de sa promesse, refusa de leur répondre.

Mais chaque jour ses filles ne cessaient de l'interroger. Elles l'éveillaient la nuit pour lui poser cette question :

– Où est notre sœur ? Père, dites-nous, où est notre sœur ?

Et elles pleuraient, pleuraient, en reprochant à leur père sa cruauté.

Il finit par leur céder et leur dit que leur sœur vivait dans un grand château où fleurissaient des roses qui parlaient.

Les deux sœurs supplièrent leur père de les conduire au château pour rendre visite à leur sœur. Elles ne lui laissèrent aucun repos jusqu'à ce qu'il acceptât de les y conduire.

Dès qu'elles furent arrivées, elles demandèrent à leur sœur de leur dire tout ce qui s'était passé. Mais, fidèle à sa promesse, elle refusa de leur répondre.

Les sœurs la prièrent, la supplièrent et allèrent jusqu'à la menacer. La jeune fille résista longtemps. Elle finit cependant par révéler son secret et celui du loup blanc.

À peine avait-elle fini de parler qu'elles entendirent des hurlements affreux. La jeune fille se leva, épouvantée. Elle sortit de sa chambre. Le loup blanc tomba mort à ses pieds. Elle comprit alors sa faute, mais il était trop tard, et elle fut malheureuse pendant tout le reste de sa vie.

Tom le poète
(Écosse)

À la lisière d'une forêt d'Écosse, en des temps lointains, s'élevait un château, célèbre sous le nom d'Elcildoune. Son propriétaire était un jeune seigneur, beau, courageux et aimable, qu'on appelait Tom.

Un beau matin du mois de mai, Tom quitta son château pour parcourir la forêt qui s'étendait le long d'une belle rivière. Il faisait un temps splendide, et Tom était heureux de se promener. Après avoir marché un bon moment, il s'assit sur un tronc d'arbre pour se reposer.

À peine était-il assis qu'il entendit le galop d'un cheval qui semblait chercher son chemin à travers la forêt. En même temps, Tom entendit une très douce musique. Il se leva, étonné et, à ce moment, il vit paraître sur un beau cheval gris la plus belle dame qu'il eût jamais vue de sa vie.

Elle était vêtue d'une robe de soie verte comme l'herbe du printemps et d'un manteau de velours de la même couleur. Ses cheveux blonds comme l'or tombaient sur ses épaules et sur sa tête brillait un diadème orné de pierres précieuses multicolores.

La selle du cheval était d'ivoire, la couverture de satin rouge, les étriers de cristal, les brides d'or pur et des centaines de petites cloches d'argent qui ornaient le harnachement faisaient entendre la plus douce musique au moindre mouvement du cheval.

La dame se livrait au plaisir de la chasse car elle portait un cor et un carquois plein de flèches. Sept lévriers la suivaient, et sept chiens de chasse sautaient autour de son cheval.

Dès qu'il la vit, Tom resta interdit, ému par tant de beauté. Elle s'arrêta devant lui, mit pied à terre et le regarda avec une si grande douceur qu'il ne put résister à son désir et, sans réfléchir, il la prit dans ses bras et l'embrassa.

Mais dès que Tom eut touché les lèvres de la dame, une horrible métamorphose se produisit : ses vêtements resplendissants se transformèrent en haillons couleur de cendre, son visage devint hideux, et ses cheveux d'or, gris et ternes. Quand elle vit la frayeur et le dégoût de Tom, elle éclata de rire et dit :

– Je suis la reine des fées, et celui qui ose m'embrasser doit devenir mon serviteur pendant sept ans. Il faut que tu me suives au pays des fées jusqu'à ce que le temps de ton service soit passé.

Tom se mit à genoux et demanda grâce. Mais elle ne voulut rien entendre et le fit s'asseoir derrière elle sur son cheval. Ils partirent au galop.

Le cheval gris, plus rapide que le vent, galopa de plus en plus vite. Bientôt le pays des vivants disparut, et ils arrivèrent devant un grand désert.

La reine des fées s'arrêta.

– Descends, dit-elle à Tom, et mets ta tête sur mes genoux pour que je te fasse voir des choses que les yeux des mortels ne distinguent pas.

Tom obéit. À peine eut-il mis sa tête sur les genoux de la fée qu'il vit le désert se métamorphoser. Trois routes le traversaient : une était large, belle et droite et il semblait facile de s'y diriger. La deuxième route était étroite et sinueuse et bordée d'épines si hautes et si touffues qu'il semblait impossible d'y avancer d'un seul pas. La troisième route était encore toute différente des deux autres : c'était un chemin d'une merveilleuse beauté, bordé de fleurs, de fougères et de genêts.

Et la reine des fées expliqua à Tom que la première des trois routes, si large et si droite, ne menait nulle part, et que celui qui la choisirait s'en repentirait éternellement. Pourtant, ajouta-t-elle, c'est celle que choisissent la plupart des gens parce qu'elle semble aisée et sûre. La deuxième route n'est choisie que par très peu d'hommes, parce qu'elle semble si difficile à parcourir. Et ils ont tort, dit la fée, car c'est la route de la probité et elle mène dans la ville la plus glorieuse : la ville du grand roi, où règne le bonheur éternel. Et la troisième route, la plus belle de toutes, ajouta la fée, aucun mortel ne peut la choisir, car elle mène au royaume des fées. C'est cette route que nous allons prendre. Mais garde le silence jusqu'au terme de notre voyage, car si tu prononces un seul mot, tu ne pourras jamais plus retourner dans ton pays.

La reine des fées ordonna alors à Tom de sauter en croupe et ils repartirent au grand galop.

Bientôt la belle route qu'ils avaient choisie se perdit dans la nuit des temps. Tom respirait à peine. Il entendait le bruit de l'eau qui montait, montait et qui bientôt atteignit ses pieds et ses jambes. Il étouffait, et sa terreur était si grande qu'il s'évanouit en s'accrochant de toutes ses forces à la robe de la fée.

Quand il reprit connaissance, il ne put en croire ses yeux. La nuit avait disparu, et le soleil brillait. Ils chevauchaient dans les allées d'un merveilleux jardin. Des poires, des dattes, des figues et des pommes étaient suspendues aux branches des arbres. Comme Tom avait grand soif, il voulut cueillir un fruit, mais la fée le lui défendit en disant :

– Tu ne dois manger qu'une pomme, que je t'offrirai. Si tu touches à un autre fruit, tu resteras pour toujours au pays des fées.

Bientôt ils passèrent près d'un petit pommier couvert de pommes rouges. La fée en cueillit une et la tendit à Tom :

– Voici la pomme de la vérité, dit-elle. Après l'avoir mangée, tu ne pourras plus jamais dire un mensonge.

Tom prit la pomme et la mangea.

Ils reprirent la route et ils aperçurent devant eux une colline au sommet de laquelle s'élevait un magnifique château.

– Voici mon royaume, dit la reine des fées, et dans ce château tu rencontreras le roi et tous les seigneurs de notre cour. Mais je te préviens : tu ne dois adresser la parole à âme qui vive. Si tu prononces un seul mot, tu ne pourras plus jamais quitter le pays des fées.

La fée sonna du cor. Aussitôt elle se métamorphosa et elle apparut telle que Tom l'avait vue pour la première fois dans la forêt. Tom lui-même avait changé. À la place de ses vêtements de campagnard et de ses grosses bottes, il portait un habit de beau drap marron et des souliers de satin.

Les portes du château s'ouvrirent toutes grandes, et le roi des fées sortit à la rencontre de la reine, accompagné des chevaliers, des dames et des pages de sa cour. La reine les salua. Elle prit place sur le trône à côté de son époux, et une grande fête fut donnée qui dura trois jours et trois nuits.

Tom, pendant tout le temps que dura la fête, se tint à l'écart dans un coin de la salle et prit bien garde de ne parler à personne.

À la fin du troisième jour, la reine descendit de son trône et vint à lui :

– Si jamais tu veux revoir ton château d'Elcildoune, dit-elle, il faut que tu partes immédiatement. Va seller le cheval gris.

Tom la regarda avec étonnement :

– Madame, dit-il, je devais rester pendant sept ans à votre service et je ne suis ici que depuis trois jours.

La reine sourit :

– Au pays des fées, le temps passe vite, mon ami, répondit-elle. Il y a sept ans que nous nous sommes rencontrés pour la première fois. Cette nuit, je te ramènerai chez toi.

La reine des fées monta sur le cheval gris, et Tom sauta en croupe. Elle s'arrêta à l'endroit même où elle l'avait rencontré. Tom lui demanda de lui donner un cadeau en souvenir de son voyage au pays des fées, et la reine lui dit :

– Je t'ai déjà donné le don de la vérité. Maintenant je vais te donner le don de la clairvoyance et de la poésie. Tu sauras prédire l'avenir et écrire les plus beaux vers. Mais en plus de ces dons invisibles, je te fais cadeau de cette harpe des fées, qui, elle, est visible aux yeux des mortels.

Et elle lui tendit une harpe merveilleuse et disparut.

Tom retourna à son château, la harpe magique sous le bras.

De longues années passèrent, et jamais Tom ne revit la reine des fées.

Un jour, le roi du pays, accompagné de tous les seigneurs de sa cour, visita le château d'Elcildoune, et Tom organisa une grande fête en l'honneur du roi. Après le banquet, il se leva de son siège et saisit la harpe que lui avait donnée la fée. Il chanta des chansons du temps passé, et tout le monde se tut pour l'écouter car jamais on n'avait entendu une musique aussi merveilleuse.

Dans la nuit qui suivit la fête, un page de la suite du roi vit un cerf blanc et une biche aussi blanche que la neige, passant devant le château d'Elcildoune. Tom, le poète, sortit aussitôt du château et suivit le cerf et la biche qu'il rejoignit au bord de la rivière. Ils s'arrêtèrent comme pour le saluer. Lentement, tous les trois descendirent vers le rivage et se jetèrent dans le fleuve. Depuis nul ne revit Tom le poète, mais chacun savait qu'il était reparti pour le château de la reine des fées.

La science de la vie
(Irak)

Dans la capitale d'un grand royaume qu'arrose le Tigre, les savants et les sages du monde entier aimaient se rencontrer et enseigner aux jeunes gens les sciences, les arts et les règles de la vie.

Parmi tous les étudiants qui se pressaient pour écouter les leçons des maîtres, un jeune homme d'une insigne beauté se faisait remarquer par son enthousiasme et son application. Ce jeune homme était possédé du désir de toujours apprendre davantage.

Un jour qu'il rentrait dans la maison de ses parents, à l'heure du crépuscule, il entendit un voyageur affirmer qu'il venait d'un pays fort éloigné et que dans ce pays vivait un homme qui non seulement était plus savant que tous les autres savants de l'univers, mais qui, en outre, possédait à lui seul autant de science, de sagesse et de vertu que tous les sages et les savants réunis. Et le voyageur ajouta que, malgré sa renommée, ce savant continuait à exercer la profession de forgeron qu'avaient exercée avant lui son père et son grand-père.

Dès qu'il eut entendu ce récit, le jeune étudiant se hâta de rentrer chez lui. Il alla trouver ses parents et se jeta à leurs pieds pour leur demander de l'autoriser à les quitter et de partir pour la ville où vivait le plus grand sage, le plus grand savant du monde entier.

Ses parents le supplièrent de demeurer chez eux, mais le jeune homme, désespéré, tomba malade, et ses parents finirent par exaucer sa prière.

Aussitôt, il prit ses sandales, son sac et son bâton et quitta ses parents, sa ville et ses amis. Il se dirigea vers le pays lointain où vivait le sage d'entre les sages, avec l'intention de suivre fidèlement son enseignement afin d'acquérir un peu de sa science et de sa sagesse.

Il marcha longtemps, pendant soixante-dix jours et soixante-dix nuits, traversa des déserts où il connut la faim, la soif et la fatigue. Il arriva enfin dans la ville où vivait le plus savant des savants.

Il se rendit aussitôt dans le quartier des forgerons et, à tous ceux qu'il rencontrait, il demandait de lui indiquer la demeure du sage. On lui indiqua la forge où il travaillait.

Le forgeron qui était un homme très âgé, quand il vit entrer le jeune homme, lui demanda :

– Que désires-tu, mon fils ?

Et celui-ci répondit :

– Apprendre la sagesse et ce que tu souhaites m'enseigner.

Pour toute réponse le forgeron lui tendit la corde qui actionnait le soufflet de la forge et lui dit :

– Tire la corde.

Et le jeune homme obéit. Il tira sans arrêt la corde du soufflet jusqu'au coucher du soleil. Et le lendemain, dès l'aube, il tira la corde jusqu'au crépuscule. Et les jours suivants, il continua, pendant des semaines et des mois, pendant toute l'année, sans que personne dans la forge, pas plus le forgeron que les nombreux disciples qui avaient chacun à accomplir une besogne aussi sordide que la sienne, ne lui adressât la parole et sans que personne ne se plaignît du dur travail silencieux.

Et deux années passèrent. Un jour, bien timidement, le disciple osa ouvrir la bouche pour dire :

– Maître !

Le forgeron s'arrêta de forger. Et tous les disciples, inquiets et anxieux, cessèrent de travailler.

Il se fit tout à coup le plus profond silence, et le forgeron se tourna vers le jeune homme et lui demanda :

– Que désires-tu ?

Le jeune homme répondit :

– Apprendre.

– Tire la corde, ordonna le forgeron, qui reprit aussitôt son travail.

Et deux années s'écoulèrent pendant lesquelles, du matin jusqu'au soir, le disciple ne cessa de tirer la corde sans répit ni repos et sans que personne ne lui adressât une seule fois la parole.

Le jeune homme n'osait plus interroger son maître. Il attendait désormais que le forgeron daigne lui adresser la parole. Mais celui-ci continuait à forger.

Cependant, le désir passionné d'apprendre ne quittait pas l'âme du disciple.

Lorsque cinq années furent écoulées, le vieux savant s'approcha du jeune homme et lui toucha l'épaule. Et pour la première fois depuis cinq années, le disciple abandonna la corde du soufflet. Une grande joie s'empara de lui.

– Mon fils, lui dit le maître, tu peux retourner dans ton pays et retrouver ta maison. Toute la science du monde et de la vie demeurera dans ton âme.

– Maître, maître, dit le disciple, je veux apprendre ! Enseignez-moi !

– Tire la corde, répondit le forgeron.

Et le disciple obéit. Le forgeron reprit son travail en silence.

Cinq années s'écoulèrent sans que personne dans la forge, pas plus le forgeron que les nombreux disciples, ne lui adressât la parole et sans que personne ne se plaignît du dur travail silencieux.

Un soir, le forgeron s'approcha du jeune homme, lui toucha l'épaule et dit :

– Mon fils, tu peux retourner dans ton pays et retrouver ta maison. Toute la science du monde et de la vie demeurera dans ton âme.

Le disciple garda le silence. Le forgeron le regarda et vit que son disciple désirait lui parler.

– Que désires-tu, mon fils ?

– Maître, maître, répondit le jeune homme, je veux apprendre, enseignez-moi.

– Tire la corde, répondit le forgeron.

Et il se remit au travail en silence.

Dix années s'écoulèrent sans que personne dans la forge, pas plus le forgeron que les nombreux disciples, ne lui adressât la parole et sans que personne ne se plaignît du dur travail silencieux.

Un soir, le forgeron s'approcha du jeune homme, lui toucha l'épaule et dit :

– Mon fils, tu peux retourner dans ton pays et retrouver ta maison. Toute la science du monde et de la vie demeurera dans ton âme.

Le disciple se tut, mais il interrogea son maître du regard.

– Mon fils, je t'ai enseigné toute la science du monde et de la vie. Je t'ai enseigné la patience.

Et le forgeron se remit au travail.

Le disciple s'inclina et s'éloigna de la forge. Il retourna dans son pays, heureux.

La jeune fille silencieuse
(Espagne)

Un beau jour de printemps, un paysan des environs de Tolède aperçut trois œillets, un jaune, un rose, et un rouge, qui lui parurent si beaux qu'il les cueillit pour les apporter à sa fille chérie, une fille belle et silencieuse qu'il aimait de tout son cœur.

La jeune fille fut très heureuse quand son père lui apporta ces belles fleurs. Elle ne cessait pas de les regarder.

Un jour que pour la centième fois elle les admirait et les prenait dans ses mains pour les porter à ses lèvres, elle eut un geste maladroit et un des œillets, le jaune, tomba dans le feu. Aussitôt les flammes entourèrent la fleur et, à l'instant même, un beau jeune homme vêtu de jaune se présenta devant elle et lui demanda le plus poliment du monde :

– Que désirez-vous ?

Et comme elle ne répondait pas, il lui dit :

– Pourquoi ne me parlez-vous pas ? Puisqu'il en est ainsi je m'en vais et vous ne pourrez me retrouver que près des pierres qui nous attendent loin d'ici, au-delà de la colline.

Et il disparut.

La jeune fille prit le deuxième œillet, le rose, et le jeta dans le feu. Aussitôt, un autre jeune homme, vêtu de rose, encore plus beau que le premier, se présenta devant elle et lui demanda le plus aimablement du monde :

– Que désirez-vous ?

Et comme elle ne répondait pas, il lui dit :

– Pourquoi ne me parlez-vous pas ? Puisqu'il en est ainsi je m'en vais et vous ne pourrez me retrouver que près des pierres qui nous attendent loin d'ici, au-delà de la colline.

Et il disparut.

La jeune fille prit le dernier des trois œillets, le rouge, et le jeta dans le feu. Aussitôt, se présenta devant elle un jeune homme vêtu de rouge dont la beauté et la grâce étaient incomparables. Il lui demanda le plus aimablement du monde :

– Que désirez-vous ?

Et comme elle ne répondait pas, il lui dit :

– Pourquoi ne me parlez-vous pas ? Puisqu'il en est ainsi je m'en vais et vous ne pourrez me retrouver que près des pierres qui nous attendent loin d'ici, au-delà de la colline.

Il la regarda tristement, et il disparut.

Dès qu'il se fut éloigné, la jeune fille fut la proie d'une profonde tristesse. Et, chaque jour, cette tristesse grandissait, car elle ne pouvait oublier le beau jeune homme vêtu de rouge, si bien qu'elle décida de partir pour chercher les pierres au-delà de la colline.

Elle s'en alla toute seule, très loin, toujours plus loin. Après avoir longtemps marché, elle aperçut un jour trois grandes pierres au pied d'une haute colline. Elle s'assit sur le sol et se mit à pleurer de tristesse et de fatigue. Tout d'un coup, elle vit s'ouvrir une des pierres et le jeune homme vêtu de rouge, celui qu'elle aimait, parut devant elle et lui demanda :

– Pourquoi pleurez-vous ?

Au lieu de répondre, elle continua à pleurer. Il dit :

– Du haut de la colline vous apercevrez une grande maison. Allez vers cette maison, frappez à la porte et demandez à la maîtresse de maison de vous prendre à son service.

Et le jeune homme vêtu de rouge disparut.

Aussitôt la jeune fille fit ce qu'il lui avait conseillé. Après avoir poliment demandé à entrer au service de la maîtresse de maison, elle fut acceptée et bientôt elle fut préférée à toutes les autres servantes, parce qu'elle était belle, douce et silencieuse.

Mais celles-ci étaient jalouses et décidèrent de la faire chasser de la maison. Elles allèrent trouver leur maîtresse et lui dirent :

– La nouvelle servante prétend pouvoir laver tout le linge de la maison en une seule journée.

La maîtresse appela la jeune fille et lui ordonna d'aller laver le linge toute seule, puisqu'elle prétendait en être capable. Elle eut beau protester et déclarer qu'elle n'avait jamais dit une chose pareille, sa protestation fut vaine. La maîtresse lui dit que, si elle ne voulait pas aller à la rivière et laver seule tout le linge, elle quitterait la maison pour n'y plus jamais revenir.

La pauvre fille alla s'asseoir au pied des pierres et se mit à pleurer à chaudes larmes. Aussitôt une des pierres s'ouvrit, et le jeune homme vêtu de rouge parut devant elle et lui demanda :

– Pourquoi pleurez-vous ?

Mais au lieu de répondre elle continua à pleurer.

– Descendez à la rivière, dit le jeune homme, et appelez tous les oiseaux du monde pour qu'ils viennent vous aider à laver le linge.

La jeune fille obéit. Dès qu'elle eut appelé les oiseaux, ceux-ci arrivèrent à tire-d'aile de tous les côtés et en si grand nombre que l'ombre de leurs ailes obscurcissait le ciel. Ils trempèrent le linge dans l'eau, le frottèrent, le battirent, le rincèrent, le séchèrent ; et tout fut terminé en un rien de temps.

La maîtresse de la maison, très heureuse de cet exploit, se mit à aimer de plus en plus la jeune fille, tandis que les autres servantes la haïrent encore davantage.

Elles allèrent bientôt trouver leur maîtresse pour lui dire que la jeune fille s'était vantée de pouvoir trouver l'eau qui guérit les yeux, car la maîtresse, depuis qu'un sorcier avait enlevé ses trois fils, avait tant pleuré que ses yeux étaient douloureux et malades.

La jeune fille déclara qu'elle n'avait jamais dit une chose pareille, mais la maîtresse de maison refusa de l'écouter et lui ordonna d'aller chercher l'eau qui guérit les yeux, sinon elle devrait quitter pour toujours la maison.

La jeune fille, désespérée, alla s'asseoir près des pierres au pied de la colline et se mit à pleurer à chaudes larmes. Bientôt, le beau jeune homme vêtu de rouge parut devant elle en lui demandant :

– Pourquoi pleurez-vous ?

Mais la jeune fille ne répondit pas. En lui tendant une coupe de verre, il dit :

– Prenez cette coupe, descendez au bord de la rivière et appelez tous les oiseaux du monde pour qu'ils pleurent avec vous. Vous garderez leurs larmes dans cette coupe. Le dernier des oiseaux que vous aurez appelé laissera tomber une plume. Avec cette plume trempée dans les larmes vous guérirez les yeux de votre maîtresse.

Le jeune homme disparut et la jeune fille lui obéit au doigt et à l'œil. Dès qu'elle eut appelé les oiseaux, ceux-ci arrivèrent à tire-d'aile de tous les côtés, et chacun laissa tomber une larme dans la coupe de verre, jusqu'à ce qu'elle fût remplie. Et quand le dernier des oiseaux laissa tomber une plume, la jeune fille la ramassa et s'en alla.

Lorsqu'elle fut rentrée à la maison, elle trempa la plume dans la coupe de verre remplie de larmes et dès qu'elle en eut touché les yeux de sa maîtresse, ils guérirent.

Dès lors, la maîtresse aima encore davantage la jeune fille, tandis que la haine des autres servantes ne connut plus de bornes. Elles allèrent retrouver leur maîtresse en lui disant que la nouvelle servante s'était vantée de pouvoir libérer ses fils des mains du sorcier qui les retenait prisonniers. La dame douta de la vérité de ces paroles, mais fit appeler quand même la jeune fille pour lui demander une explication.

La jeune fille protesta et affirma n'avoir jamais prétendu qu'elle se croyait capable de délivrer les fils de sa maîtresse, mais la dame s'obstina et lui ordonna de lui ramener ses fils, sinon elle devrait s'en aller pour toujours.

La pauvre fille alla pleurer près des pierres au-delà de la colline. De nouveau, le beau jeune homme vêtu de rouge apparut et lui demanda :

– Pourquoi pleurez-vous ?

Elle continua à pleurer sans répondre. Il lui dit :

– Appelez toutes les jeunes filles des environs et demandez à chacune d'apporter une chandelle allumée. Faites trois fois le tour de ces pierres, mais prenez garde ! Aucune des chandelles ne doit s'éteindre.

La jeune fille reprit courage et obéit au doigt et à l'œil. Elle appela toutes les jeunes filles des environs, qui ne tardèrent pas à arriver portant chacune une chandelle allumée. Elles tournèrent trois fois autour des pierres, suivies par la jeune fille qui portait, elle aussi, une chandelle allumée. Elle achevait le troisième tour quand un coup de vent éteignit la flamme de sa chandelle.

– Hélas, hélas ! s'écria-t-elle, ma chandelle s'est éteinte...

À peine avait-elle prononcé ces paroles que les pierres disparurent et les trois frères apparurent devant les jeunes filles stupéfaites. Le plus jeune des trois, celui que la jeune fille préférait, lui dit :

– Merci d'avoir parlé !

Et les trois jeunes gens racontèrent qu'un sorcier les avait métamorphosés en trois œillets et qu'ils ne pouvaient être libérés que si celle qui avait brûlé trois œillets parlait devant les pierres.

Ils allèrent retrouver leur mère, la maîtresse de la jeune fille, et tous furent heureux. Le plus jeune des trois fils demanda la jeune fille en mariage. Elle consentit, puisqu'elle l'aimait tant. Ils se marièrent, et tout le monde fut content et heureux.

Les servantes, dont la jeune fille était maintenant la maîtresse, lui demandèrent pardon. Et elle leur pardonna à toutes.

Postface

de Michaël Batalla

Ce que ces histoires nous disent

Un mot bizarre

Ami lecteur, tu viens de lire un mot bizarre : *postface*. Il est composé à partir des mots latins *post*, qui signifie après, et *fatio*, qui signifie parole. La postface est donc la parole qui vient après. Après quoi ? Évidemment, dans un livre, après le texte principal. En fait, une postface, c'est comme une préface à l'envers. Si, contrairement à la préface, elle ne vient qu'à la fin, c'est parce que son contenu n'est pas essentiel à la compréhension. Ce qu'elle nous apprend n'a pas une influence directe sur la lecture mais sur le souvenir de la lecture. Elle est une invitation à relire.

Sur toute la planète

Les cinq histoires que tu viens de lire ont été choisies dans un ouvrage qui en compte plus de

cent : les *Histoires merveilleuses des cinq continents*, recueillies et adaptées, afin d'être facilement lisibles à voix haute, par le poète Philippe Soupault et son épouse, l'artiste Ré Soupault, entre 1950 et 1975. Tu connais sûrement les contes de Perrault, de Grimm et d'Andersen, qui sont les plus célèbres de la tradition européenne. Les contes rassemblés par Ré et Philippe Soupault apportent une dimension supplémentaire à cette tradition. Il s'agit de la dimension planétaire, les histoires provenant de plus de soixante pays du monde. Cette multiplicité montre que le conte est un phénomène universel qu'on retrouve dans toutes les cultures, même dans les plus anciennes.

Alors que l'ouvrage original était constitué d'histoires de tous les continents, le présent recueil nous entraîne en Amérique du Nord, en Irak et à trois reprises en Europe. Ce voyage trouve son explication dans le thème commun à ces cinq contes : celui de la parole et du silence.

Ma parole contre la tienne

Tu sais que garder un secret n'est facile pour personne. Un taciturne peut, à la moindre sollicitation, tout révéler du secret qu'il s'est engagé à protéger ; une pipelette peut devenir plus muette qu'une radio sans piles pour honorer sa promesse ; quelqu'un qui a la réputation d'être plus discret qu'un poisson rouge peut soudain commettre le fatal impair ; le moins fiable des confidents peut tout d'un coup devenir plus mutique qu'un volcan éteint. Bref, on ne sait jamais, quand on donne sa parole, si on va être capable de la tenir ou si la personne à qui on confie un secret va garder sa langue dans sa poche au lieu de la tirer comme un mouchoir au premier venu. Promettre, c'est toujours prendre un grand risque.

La promesse et le secret nous posent une question très importante : celle des conséquences que peuvent avoir, selon les circonstances, notre parole ou notre silence.

Parler, prendre la parole, être obligé de parler, mais aussi se taire ou être obligé de se taire, déci-

der de ne pas parler, accorder de la valeur à la parole des autres comme à sa propre parole –, cela peut nous transformer, nous construire, modifier notre rapport au monde et à ceux qui le peuplent. Les histoires qui composent ce livre ont toutes quelque chose à voir avec ces questions.

Le secret, et la promesse qui l'accompagne, créent un lien très fort entre deux (ou plusieurs) personnes. Et ce lien donne à chacun des protagonistes le pouvoir d'agir sur le destin de l'autre comme sur le sien. C'est pour cela qu'il est une figure que l'on retrouve souvent dans les contes. Car dans les contes, les héros jouent leur vie à chaque instant ; il y a toujours une mystérieuse menace qui pèse sur eux.

Ici, ce qui menace tous les personnages, ce sont les conséquences de leur parole ou de leur silence. Quand doit-on parler et quand doit-on se taire ? Parler pour dire quoi ? Se taire pour éviter de dire quoi ? On apprend au fil de la vie des réponses à ces questions très complexes, et pourtant, on n'est jamais sûr.

D'une histoire à l'autre

Nous allons maintenant chercher ensemble à repérer ce que nous apprennent ces contes.

Âge d'or

Le thème de « L'Étoile et le Nénuphar » est celui de l'âge d'or, cette période mythique durant laquelle le monde était tel que nous le rêvons tous : beau, heureux, en paix.

L'âge d'or existe dans toutes les cultures. C'est le jardin d'Éden, l'époque où « la marée rouge de la guerre n'avait pas encore envahi la planète ». Nous entrons avec ce conte dans le merveilleux du merveilleux : le monde où la paix règne. Ce récit nous vient des Indiens d'Amérique du Nord, qu'on a appelés les Peaux-Rouges. Sais-tu qu'avant l'arrivée des conquérants européens au XVe siècle sur le continent américain, ce sont des centaines de peuples distincts qui vivaient là ? Ils parlaient près de mille langues ou dialectes, avaient des modes de vie très différents suivant les régions, des arts, des manières de chasser et de faire la guerre, de construire des cités ou des villages, de s'organiser, de penser la nature, de s'aimer. Quelle tristesse que nos ancêtres n'aient pas voulu comprendre qu'ils pénétraient un monde aussi organisé que le leur ! Ils n'ont vu que ce qu'ils ont appelé des sauvages dont la vie, à leurs yeux, valait moins que celle d'un cheval. Débuter par cette histoire est une manière de saluer les descendants de ces peuples réduits au silence.

Motus et bouche cousue

L'histoire intitulée « Le loup blanc » ne manque pas non plus d'intérêt. Elle met en scène un père, sa fille et le mystérieux personnage du loup-garou, jeune seigneur condamné par les fées à être loup du lever au coucher du soleil. Parti en quête de la « rose qui parle » pour satisfaire le désir de sa fille, le père s'aventure, guidé par des voix qui l'attirent, à l'intérieur du château du loup-garou. Il y découvre les roses qui parlent. Mais le loup intervient et menace la vie de l'homme qui ne peut en réchapper sans promettre de lui amener la première personne qu'il rencontrera en rentrant chez lui. On s'y attend, c'est évidemment sa jeune fille qu'il reverra la première. Le père veut cacher la vérité à sa fille. Mais celle-ci martèle à son père qu'elle mourra à sa place plutôt que d'accepter sa disparition. Le père alors lui livre le contenu de sa promesse. Et ils se mettent en route. Ils sont accueillis au château par les propos rassurants du maître des lieux. La promesse est tenue. Il ne leur fera aucun mal. Mais aussitôt, il leur confie le secret du sort qui pèse sur sa vie. Et le soir venu, il leur montre la terrible inscription sur le mur : *Ici on ne parle pas !* – pour leur rappeler qu'ils ont intérêt à tenir leur langue. Le père repart. Et malgré les métamorphoses quotidiennes de son hôte, la jeune fille commence à l'aimer et à se plaire à cette vie de château.

L'histoire aurait pu s'arrêter là s'il n'y avait eu, restées à la maison, les deux sœurs. Elles ne sont pas dans la confidence et vont exercer une telle pression sur leur père d'abord, sur leur petite sœur ensuite, que chacun à son tour va trahir la promesse faite au loup-garou. La mort de ce dernier sera le solde de cette sombre affaire. Et le malheur éternel de la jeune fille.

Mieux vaut, quand il s'agit de promettre, évaluer les conséquences de sa promesse. Aveuglé par la séduction de sa plus jeune fille, le père a négligé ses deux autres filles ; éblouie par la force de son père, la jeune fille n'a jamais pensé qu'il parlerait. Or les deux sœurs, pour ainsi dire, n'ont fait qu'une bouchée du secret. Et notre loup-garou dans tout ça, n'est-il pas un satané bluffeur d'avoir ainsi menacé le père pour finalement mourir à sa place ? À moins qu'il ne soit mort pour épargner la vie de celle qu'il aimait.

Au moment de s'engager à tenir sa langue, il faut non seulement être sûr de pouvoir la garder dans notre poche, mais en plus ne pas sous-estimer la capacité des autres à nous tirer les vers du nez.

Contre vents et marées

Après cette histoire de promesse lâchée, « Tom le poète » relate celle d'une promesse tenue. C'est d'une certaine manière la promesse des promesses puisque ce que demande la reine des fées à Tom, c'est de se taire complètement. Mais à bien y regarder, Tom n'a rien promis. Il a seulement suivi le commandement menaçant de la reine des fées : « Si tu prononces un seul mot, tu ne pourras plus jamais quitter le pays des fées. » La récompense dont Tom va bénéficier n'est pas des moindres puisqu'il s'agit du don de la vérité et de la poésie. Est-ce la même chose ? L'histoire ne le dit pas. Mais elle nous dit que ce don n'est pas facile à porter dans le monde des hommes car Tom, après être revenu chez lui, préférera repartir à tout jamais. Peut-être qu'il ne faut pas trop croire à cette morale et croire en revanche que le monde des hommes est le seul où la vérité puisse exister, et être défendue.

On a le droit de ne pas être d'accord avec la morale d'une histoire.

Une bonne leçon

À ce propos, la patience est-elle la chose la plus importante dans la vie ? C'est, à première vue, ce que veut nous dire « La science de la vie ». Mais il ne faut pas s'arrêter aux apparences.

Après réflexion, son message peut nous apparaître différent. Il ne faut pas oublier que le héros de ce conte est un jeune garçon « possédé du désir d'apprendre toujours davantage ». Or pour apprendre, il se tourne vers les hommes. L'un d'eux lui apprend l'existence, dans une ville lointaine, du plus grand sage de tous les sages et c'est naturellement que le garçon se précipite – façon de parler car il marchera soixante-dix jours et nuits – vers cet homme-là. Après vingt-quatre ans passés au service du vieux sage, il comprend enfin qu'il porte en lui tout le savoir longtemps cherché au-dehors.

Si la patience est importante, c'est parce que le temps nous apprend, mystérieusement, des choses qui ne se trouvent pas dans la parole des autres.

Le dénouement intervient au moment où le jeune homme se tait à la question du maître au lieu d'y répondre par son désir de savoir.

Désormais, il sait.

Il reste une histoire dont je n'ai pas parlé. Je te laisse le soin de dénicher tout seul ce que « La jeune fille silencieuse » nous cache. Et si tu n'y parviens pas, tu pourras toujours, à tout hasard, donner ta langue au chat !

Achevé d'imprimer sur les presses de

BUSSIÈRE

GROUPE CPI

à Saint-Amand-Montrond (Cher)
pour le compte des Éditions Seghers
en août 2005

Composé par Nord Compo
à Villeneuve-d'Ascq

N° d'édition : 45918/01. — N° d'impression : 51754.
Dépôt légal : août 2005.

Imprimé en France

Table